W0057396

RICHARD BRAUTIGAN

. . . . .
. . . .

Ausgewählte Texte

Herausgegeben und mit einem Nachwort
von Markus Klose

Aus dem Amerikanischen von
Günter Ohnemus u. a.

I Hoffmann und Campe I

1. Auflage 2012
Copyright © 1967, 1968, 1970, 1971, 1974, 1976, 1977, 1978 by
Richard Brautigan
Detaillierter Text- und Copyrightnachweis siehe S. 127
Copyright dieser Ausgabe © 2012 by
Hoffmann und Campe Verlag, Hamburg
www.hoca.de
Gesetzt aus der ITC Stone
Einbandgestaltung: Katja Maasböl, Hamburg
Druck und Bindung: GGP Media GmbH, Pößneck
Printed in Germany
ISBN 978-3-455-40409-8

HOFFMANN
UND CAMPE

Ein Unternehmen der
GANSKE VERLAGSGRUPPE

Inhalt

BETTY MACHT WUNDERBARE WAFFELN

WAS IST PASSIERT?

EWIGER JETLAG

ANFANGEN

VIEL GLÜCK, CAPTAIN MARTIN

Frank:

komm rein –
    lies Roman –
    liegt aufm Tisch
    im Wohnzimmer.
Bin in ungefähr
    2 Stunden
    wieder da.

            Richard

DER KAFFEEFLECK

Mein Tag

Nachdem die Hauswirtin weg war, ging ich durch den Korridor in meine Wohnung, und plötzlich wurde mir die positive Seite der Situation klar. Die alte Wirtin hatte das Haus besessen, sie war Witwe gewesen und hatte keine Verwandten oder Freunde. Ihre Vermögensverhältnisse würden völlig ungeregelt sein. Es würde Monate dauern, das zu sortieren, also würde mich niemand wegen meiner überfälligen Miete behelligen.

So ein Glück aber auch!

Heute war wirklich mein Tag.

So einen Tag hatte ich nicht mehr gehabt, seit mich der Wagen vor ein paar Jahren überfahren und mir beide Beine gebrochen hatte. Dafür hatte ich ein hübsches Sümmchen kassiert. Obwohl ich drei Monate lang im Streckverband liegen musste, war es besser, als für den Lebensunterhalt zu arbeiten und ach, was waren das für schöne Zeiten! Im Krankenhaus liegen und von Babylon träumen.

Fast hasste ich es, wieder rauszukommen.

Vermutlich merkte man mir das an.

Die Krankenschwestern rissen Witze darüber.

»Warum denn so trübsinnig?«, fragte mich eine.

»Sie machen ja eine Leichenbittermiene!«, meinte eine andere.

Sie ahnten nicht, wie bequem es im Krankenhaus war, einfach nur dazuliegen und mit allem Nötigen versorgt zu werden und nichts weiter zu tun, als von Babylon zu träumen.

In der Sekunde, als ich an Krücken aus der Tür des Krankenhauses humpelte, fing alles an, den Bach runterzugehen. Von da an ging es einfach immer weiter nach unten bis heute, und was für ein Tag war das bis jetzt gewesen: ein Klient! Patronen für meine Waffe! Fünf Dollar! Und das Beste von allem – eine tote Hauswirtin!

Was will der Mensch mehr?

(Übersetzt von Christiane Bergfeld)

Besser als Staub

Der Kutscher und die Witwe kamen verliebt und eng umschlungen die Treppe herunter. »Das war wirklich nett, dass du mir das gezeigt hast«, sagte der Kutscher.

Das Gesicht der Witwe strahlte und glitzerte wie ein Stern.

Der Kutscher gab sich übertrieben feierlich, aber man sah, dass er plötzlich ein bisschen Unfug machen wollte.

»Es ist sehr schön, wenn man unterwegs ne Pause einlegt und Kaffee trinkt«, sagte er zu den anderen am Tisch. »Das macht die Fahrerei ein bisschen leichter, und es ist ein ganzes Stück besser, die Krapfen hier zu essen, als sich von einem Maultier in den Schädel treten zu lassen.«

Niemand widersprach dieser Feststellung.

Das Mayonnaisenkapitel

3. Feb. 1952

Liebste Florence und liebster Harv!

Ich habe gerade durch Edith vom Heimgang Mr Goods
erfahren. Unsere Gedanken sind bei Euch. Gottes Wille ge-
schehe. Er hat ein langes, gutes Leben gelebt, und er ist jetzt
an einem besseren Ort. Ihr habt ja damit gerechnet, und es
ist schön, dass Ihr gestern noch bei ihm wart, auch wenn
er Euch nicht mehr erkannt hat. Wir schließen Euch in un-
ser Gebet ein, und unsere Gedanken sind bei Euch, und wir
kommen Euch bald besuchen.

Gott segne Euch beide.
Alles Liebe, Mutter und Nancy.

PS:
Entschuldigt bitte, aber ich habe vergessen, Euch das Glas zu
geben. Das Glas mit Mayonnaise.

Zwei (94-48-91) Selbstgespräche

»Ich versteh einfach nicht, warum Frauen einen Körper wie den da haben wollen. Eine so groteske Maschinerie, und sie hängen sich mächtig rein, um so einen Körper zu bekommen, setzen Himmel und Hölle in Bewegung, fasten, lassen sich operieren und sich Injektionen verpassen, ziehen obszöne Unterwäsche an, und alles nur, weil sie sich so ein verdammtes Ding zulegen wollen, und wenn sie dann alles versucht und es noch immer zu nichts gebracht haben, dann gehen diese blöden Mösen einfach her und machen auf Imitation. Bitte, hier ist einer, den sie umsonst haben können. Nehmt ihn euch doch, ihr Ziegen.

Sie wissen ja nicht, auf was sie sich da einlassen, oder vielleicht machts ihnen auch Spaß. Vielleicht sind sie alle so verludert wie die Frauen, die solche Körper dazu benutzen, ein bisschen Geld an Land zu ziehen; die Filmstars, Fotomodelle, Huren.

Mein Gott!

Ich kann einfach nicht begreifen, warum solche Körper für Männer und Frauen eine so ominöse Anziehungskraft besitzen. Meine Schwester hat meinen Körper: groß und mager. Dieses ganze Drumrum gehört nicht zu mir. Das da sind nicht meine Brüste. Das sind nicht meine Hüften. Das ist nicht mein Hintern. Ich steck bloß in diesem ganzen Kram hier drin. Kannst du mich sehen? Schau genau hin. Ich bin hier drin, Herr Bibliothekar.«

*Sie streckte ihre Arme aus und legte sie um
meinen Hals, und ich legte meine Hände auf
ihre Hüften. Wir standen da und schauten
uns an.*

»Ich glaube, du hast unrecht«, sagte ich. »Obs dir nun gefällt
oder nicht, du bist eine sehr schöne Frau, und du steckst in
einer großartigen Verpackung. Es ist vielleicht nicht das, was
du willst, aber dieser Körper hier ist dir überlassen, und du
solltest dich gut um ihn kümmern, und mit Stolz. Ich weiß,
es ist schwer, aber zerbrich dir nicht den Kopf darüber, was
andere Leute wollen und bekommen. Du hast etwas sehr
Schönes, und du musst versuchen, damit zu leben.

Schönheit ist wirklich ganz verdammt schwer zu begreifen. Fall doch nicht auf den pubertären Sexhunger herein,
der den Rest der Welt treibt. Du bist eine kluge, junge Frau,
und du solltest lieber anfangen, deinen Kopf zu benutzen
statt deinen Körper – denn das machst du doch jetzt.

Und spiel nicht Schicksalsschlag-und-dennoch-Sieger.
Das Leben ist ein bisschen zu kurz dafür. Dieser Körper bist
du, und es ist besser, du gewöhnst dich langsam daran, denn
das ist alles, was hier auf der Welt für dich läuft, und du
kannst dich nicht vor dir selber verstecken.

Das hier bist du.

Lass deiner Schwester ihren eigenen Körper, und lern
jetzt, den hier zu mögen und zu gebrauchen. Ich glaube fast,
du könntest viel Freude und Genuss an ihm haben, wenn
du dich entspannen und dich nicht mehr um andererleuts
Kläranlagen kümmern würdest.

Wenn man sich dauernd nur in die Verklemmungen

und Verstrickungen anderer Leute reinhängt, dann ist die Welt bald nichts anderes mehr als ein riesiger Galgen.«

Wir küssten uns.

Der Kaffeefleck

Allmählich mochte ich den Kaffeefleck auf meinem Flügel richtig gern. Er war wie geschaffen für diesen Tag: wie ein Talismann. Ich fing an, an Tijuana zu denken, aber dann überlegte ich es mir anders und kehrte wieder zu dem Kaffeefleck zurück.

Im Flugzeug waren die Stewardessen in Aktion getreten. Sie sammelten Tickets ein, boten Kaffee an und machten sich allgemein beliebt.

Die Stewardessen waren wie schöne Playboy-Nonnen, und sie gingen in den Gängen des Flugzeugs auf und ab, als wäre das Flugzeug ein Nonnenkloster. Sie trugen kurze Röcke, zeigten reizende Knie, schöne Beine, aber ihre Knie und Beine verblassten und wurden unsichtbar gegen Vida, die still neben mir in ihrem Sitz saß, meine Hand hielt und an Tijuana dachte, an den Ort, zu dem sie und ihr Körper unterwegs waren.

In den Bergen konnte man einen herrlichen grünen Flecken sehen, wie eine Tasche. Es war vielleicht eine Ranch oder ein Feld oder eine Wiese. Es gefiel mir, und ich hätte diese grüne Tasche ewig anschauen können.

Die Geschwindigkeit des Flugzeugs machte mich sanft und zärtlich.

Einige Zeit später gaben die Wolken langsam und widerwillig die Täler frei, aber das Land, über das wir flogen, war äußerst öde, nicht einmal die Wolken wollten es haben.

Unter uns war nichts, was an den Menschen erinnerte, außer ein paar Straßen, die wie lange, ausgedörrte Regenwürmer durchs Gebirge liefen.

Vida war immer noch still, und schön.

Die Sonne schwang auf meinem Flügel immer noch hin und her. Ich schaute an meinem Kaffeefleck vorbei hinunter und sah, dass wir jetzt über ein halb verödetes Tal flogen, in dem sich das landwirtschaftliche Konzept des Menschen in Gelb und Grün abzeichnete. Aber auf den Bergen standen keine Bäume; sie waren nackt und gekrümmt wie urzeitliche chirurgische Instrumente.

Ich schaute zu der mittelalterlichen Eingeweideklappe am Flügel hinüber, die sich jetzt, neben meinem Kaffeefleck-Talismann, hob, um Hunderte von Stundenkilometern zu verschlingen.

Vida war vollkommen da, obwohl ihre Augen schon nach Süden träumten.

Die Leute auf der anderen Seite des Flugzeugs schauten durchs Fenster nach unten. Ich fragte mich, was da sein könnte, schaute auf meiner Seite hinunter und sah eine kleine Stadt und eine Landschaft, die jetzt sanfter wirkte, und dann kamen noch mehr Städte. Die Städte wurden jetzt wie Lupen: eine vergrößerte die andere. Die Sanftheit der Landschaft wurde immer städtischer, Städte wucherten, wurden dichter und dichter und verwuchsen zu Los Angeles, und ich hielt Ausschau nach einem Freeway.

Der Mann, von dem ich hoffte, dass er Pilot wäre oder dass er in irgendeiner offiziellen Eigenschaft im Flugzeug wäre, sagte uns, dass wir in zwei Minuten landen würden. Wir flogen plötzlich in einen dichten Dunstschleier, und aus dem Dunstschleier wurde der Flughafen Burbank. Die Sonne war weg, und alles war neblig und dunkel. Es war gelber Nebel, während es in San Francisco grauer Nebel war.

Das Flugzeug wurde leer und füllte sich dann wieder.

Vida wurde währenddessen in eine ganze Menge visueller Tathandlungen verwickelt. Eine der Stewardessen blieb eine Minute lang ein paar Sitzreihen entfernt stehen und starrte Vida an, als wollte sie sich vergewissern, dass sie auch wirklich da wäre.

»Wie fühlst du dich denn?«, fragte ich.

»Gut«, sagte Vida.

Eine kleine Verkehrsmaschine ungefähr von der Größe eines P-38-Jagdfliegers mit verrostet wirkenden Propellern rollte an uns vorbei zum Start. Hinter den Fenstern sah man entsetzte Passagiere.

Vor uns saßen jetzt ein paar Geschäftsleute. Sie unterhielten sich über ein Mädchen. Sie wollten alle mit ihr ins Bett gehen. Sie war Sekretärin in einem Zweigbüro in Phoenix. Sie unterhielten sich im Bürojargon über sie. »Ich würde gern mal ihren Kontostand überprüfen! Ha-ha! Ha-ha! Ha-ha-ha!«

Der »Pilot« hieß die neuen Leute an Bord willkommen und erzählte uns wieder zu viel übers Wetter. Niemand wollte hören, was er zu sagen hatte.

»Wir werden in etwa einundzwanzig Minuten in San Diego landen«, schloss er seinen Wetterbericht.

Als wir in Burbank starteten, fuhr auf der anderen Seite des Flugplatzes ein Zug parallel zu uns. Wir ließen ihn und Los Angeles hinter uns, als wären sie gar nicht da.

Wir stiegen durch den schweren, gelben Dunstschleier,

und plötzlich schien die Sonne wieder ruhig und gelassen auf den Flügel, und mein Kaffeefleck sah so glücklich aus wie ein Wellenreiter, aber das war nur ein flüchtiger Zustand.

WIR HIELTEN AN HERRLICHEN TAGEN

30 Cent, zwei Fahrscheine, Liebe

Ich hab an dich gedacht
als ich in den Bus stieg
und ich gab dem Fahrer
30 Cent und verlangte
        zwei Fahrscheine
bevor ich merkte, dass ich
        allein war.

Ich komm ganz langsam über dich

Ich komm ganz langsam über dich
so als hättest du
im Traum ein Picknick.
Es werden keine Ameisen da sein.
    Es wird nicht regnen.

Das schöne Gedicht

Ich geh jetzt in Los Angeles ins Bett
    und denk an dich.

Vorhin beim Pinkeln
hab ich liebevoll auf meinen Penis
    hinuntergeschaut.

Ich weiß, dass er heute
zweimal in dir drin war, und ich
    fühl mich sehr schön.

3 Uhr morgens
15. Januar 1967

Gedicht für eine
im Zeichen der Jungfrau
Geborene

hilda
ich halt mich dran
will ein gedicht machen
zum preis deiner
schönen energie
und weil ich mag wie du
jungfrau   spröd
     deine wege gehst

entschuldige
is ja blöd   aber ich glaub
das wars schon
     mein gedicht

(Übersetzt von Alfred Andersch)

Liebesgeschichte

Ich habe gerade fünfzehn Sekunden lang
eine japanische Fliege angeschaut:
        meine erste.

Es war ein Männchen, und
er saß auf einem roten Ziegelstein
auf der Mitsui Building Plaza
        und genoss die Sonne.

Es war ihm gleich, dass ich ihn anschaute.
Er putzte sich das Gesicht. Vielleicht hatte er
        eine Verabredung zum Essen
        mit einer schönen Fliegendame, seiner
        Zukünftigen, oder vielleicht ist es
        einfach nur eine gute Freundin,
        mit der er gleich hernach
        auf der Mitsui Plaza
        zu Mittag speisen will.

                                Tokio
                                17. oder 18. Mai 1976

Die Alpen

Ein Wort

warten …

führt zu einer
Lawine
aus anderen Wörtern

wenn man

wartet …

auf eine Frau

       Tokio
       2. Juni 1976

Ego-Orgie in einer Regennacht in Tokio
und niemand, mit dem man schlafen könnte

Der Mond und die Siebensterne
sind untergegangen. Mitter-
nacht ist und die Zeit vorüber.
Ich aber, ich liege einsam.

Sappho

Meine Bücher sind übersetzt worden
    ins
Norwegische, Französische, Dänische, Rumänische,
Spanische, Japanische, Holländische, Schwedische,
Italienische, Deutsche, Finnische, Hebräische,
    und sie werden in England verlegt.

    aber

ich werde heute Nacht in Tokio alleine schlafen,
    und es regnet.

Tokio
5. Juni 1976

Unerwiderte Liebe

Bleib zu Hause /
schreib ein mürrisches Gedicht /
geh raus / wenn das Leben
bloß so einfach wäre

Tokio
19. Juni 1976

Zwei Versionen desselben Gedichts
Liebe / 1

Das Wasser
im Fluss
fließt über
und unter
sich.

Es weiß,
was es tun muss,
es fließt dahin.

Liebe / 2

Das Wasser
im Fluss
fließt über
und unter
sich.

Es weiß,
was es tun muss,
es fließt dahin.

Das Bett berührt
nie den Grund.

> Tokio
> 28. Juni 1976

Verbotene Liebe

Wir haben das Spiel nicht gespielt.
Wir haben uns ganz an die Regeln gehalten,
keine Regelverstöße, keine Strafen.

    Das Spiel ist vorbei,
    oder ist das jetzt erst
    der Anfang?

Tokio
28. Juni 1976

Eine Heldin für die Zeitmaschine

Wenn man ihr mit fünfzehn gesagt hätte,
dass sie mit zwanzig mit einem glatzköpfigen Mann
ins Bett gehen und Spaß dran haben würde,
hätte sie das für sehr weit hergeholt gehalten.

Maxine
Teil 1

Keine Party ist
vollständig
ohne dich.

Alle
wissen das.

Die Party
beginnt, wenn
du ankommst.

Ginger
Teil 7

Sie freut sich,
dass Bill
sie mag.

Sexueller Unfall

Der sexuelle Unfall,
der dann deine Frau wurde,
die Mutter deiner Kinder
und das Ende deines Lebens,
ist zu Hause und kocht Essen
für alle deine Freunde.

Rehspuren

Schön, schluchzend, mit großer Übersetzung bumsen
und dann still daliegen wie Rehspuren
im Neuschnee neben der, die
    du liebst. Das ist alles.

Jetzt kommen unsere Körper doch zusammen

Jetzt kommen unsere Körper doch zusammen.
Du hast bestimmt nicht gedacht, dass das
noch passieren würde. Ich auch
nicht. Es ist eine angenehme
    Überraschung.

Farbe zu Anfang

Was soll denn Liebe –
sterben möcht ich
in deinem gelben
    Haar.

3. November

Ich sitze in einem Café
und trinke eine Cola.

Eine Fliege schläft
auf einer Papierserviette.

Ich muss sie aufwecken,
damit ich meine Brille putzen kann.

Da drüben sitzt ein hübsches Mädchen,
das ich anschauen will.

Wir hielten an herrlichen Tagen

Wir hielten an herrlichen Tagen
und stiegen aus dem Auto.
Der Wind warf einen Blick auf ihr Haar.
So einfach war das.
Ich drehte mich um, um was zu sagen –

Trauerarbeit

Ich fühl mich fürchterlich. Sie liebt
mich nicht, und ich zieh durchs
Haus wie eine Nähmaschine,
die gerade einen Scheißhaufen
an einen Mülltonnendeckel genäht hat.

Landkartendusche

für Marcia

Ich möchte, dass mich
dein Haar mit Landkarten
neuer Orte bedeckt,

damit überall, wo ich
hinkomme, alles so schön ist
wie dein Haar.

Liebesgedicht

Es ist so schön,
morgens ganz allein
aufzuwachen
und keinem sagen zu müssen,
dass man ihn liebt,
wenn man ihn nicht mehr
liebt.

Jedes Mal wenn du weggehst

Jedes Mal wenn du weggehst,
ist es wie eine Erweiterung
    der Hindenburg:
dieses große Luftschiff, das 1937
in mittelalterlichen Flammen
wie eine brennende Burg über
    New Jersey explodierte.
Wenn du gehst, senkt sich
der Schatten der Hindenburg aufs Haus
    und nimmt deinen Platz ein.

– 2

Jeder will mit jedem ins Bett
gehen. Sie stehen ganze Blocks
weit Schlange, also geh ich
mit dir ins Bett. Sie werden uns
    nicht vermissen.

BETTY MACHT WUNDERBARE WAFFELN

Betty macht wunderbare Waffeln
Teil 9

Das finden
alle.

Katze in Shinjuku

Eine braune Katze liegt
vor einem chinesischen Restaurant
in einer sehr schmalen Gasse
    in Shinjuku.*

Im Fenster des Restaurants stehen
lauter Schaufenstermodelle aus Plastik,
chinesisches Essen, das richtig
    lecker aussieht.

Die Nachmittagssonne ist angenehm
    warm. Die Katze
    genießt den Sonnenschein.

Leute gehen vorbei, ganz dicht an der Katze,
aber die Katze zeigt überhaupt keine Angst.
    Sie rührt sich nicht.
    Ich finde das ungewöhnlich.
    Die Katze fühlt sich wohl
    da draußen vor chinesischem
    Plastikessen, während richtiges Essen
    gleich drinnen hinter der Tür wartet.

Tokio
Mitte Mai 1976

* Ein großer Stadtteil in Tokio.

Der Hillary-Express

Ich habe mir gerade mein erstes Essen
    Curry und Reis
ganz allein in einem japanischen Lokal bestellt.
    Was für ein Triumph!
Ich fühle mich wie ein Kind, das seinen
    ersten unsicheren Schritt macht.

    Pass nur auf, Mount Everest!

Tokio
16. Mai 1976

Hommage für den
japanischen Haikudichter Issa

Betrunken in einer japanischen
    Bar
    Ich
    bin
    OK

           Tokio
           18. Mai 1976

Erdbeerenhaiku

. . . . .

. . . .

Zwölf rote Beeren

Tokio
22. Mai 1976

Fragment # 1

Reden ist Reden
wenn du *(das nächste Wort ist unlesbar,
im Suff hingekritzelt)*

mehr redest.

> Tokio
> Vielleicht an einem Tag Anfang Juni

Amerikanische Bar in Tokio

Ich bin hier in einer Bar mit lauter
jungen konservativen versnobten
    Amerikanern.
Sie trinken und versuchen Japanerinnen
    aufzureißen
die mit Männern wie ihnen schlafen
    wollen.
Es ist sehr schwer, hier irgendwas
    Poetisches zu finden
wie das Gedicht hier bezeugt.

Tokio
5. Juni 1976

Der Amelia Earhart Pfannkuchen

Ich kann einfach kein Gedicht finden
für diesen TItel. Ich hab jahrelang
nach einem gesucht, und jetzt geb ich
    auf.

                   3. November 1970

Stonehenge Stroganoff

Wir kochen heute Abend groß.
Ich mache eine Art Stonehenge
    Stroganoff.
Marcia hilft mir dabei. Ihr
kennt schon die Legende
    ihrer Schönheit.
Ich hab sie gebeten, Knoblauch
ins Fleisch zu reiben. Sie nimmt
jedes einzelne Stück Fleisch
und reibt es zärtlich mit Knoblauch ein.
Ich hab so etwas noch nie
    gesehen. Jede Öffnung
im Fleisch wird erforscht, unnachlässig
    mit Knoblauch behandelt.
Hier wird eine Leidenschaft spürbar, die
einen tauben Heiligen dazu bringen könnte,
Violine zu lernen und in Stonehenge
    Beethoven zu spielen.

Haiku-Ambulanz

Ein Stück grüne Paprikaschote
    fiel
aus der hölzernen Salatschüssel:
    na und?

WAS IST PASSIERT?

Schon mal da gewesen?

Ich kann an deinen Augen sehen, dass ich
die falsche Frage gestellt habe.
Sie sind verwirrt und sehen weg. Wir wechseln
    das Thema.

Zukunft

Ach ja, der 1. Juni 1976
     12:01

Und alle, die leben
wenn wir schon tot sind

In diesem Augenblick
haben wir gewusst
     dass wir da sind.

          Tokio
          1. Juni 1976, 12:01

Das Schweigen der Sprache

Ich sitze
hier verlegen und alleine in einer Bar
mit einem sehr intelligenten japanischen
Filmregisseur, der kein Englisch kann,
und ich kein Japanisch.

Wir kennen uns, aber es ist niemand da,
der für uns dolmetschen könnte. Wir haben uns
schon öfter unterhalten. Jetzt tun wir so,
als interessierten wir uns für andere Sachen.

Er hört sich mit geschlossenen Augen
Musik vom Plattenspieler an. Ich schreibe
das hier auf. Es ist Zeit zu gehen. Er geht
zuerst.

Tokio
15. Juni 1976

Was ist passiert?

Du warst das hübscheste Mädchen
in deiner Abschlussklasse an der Highschool
    1927.

Und jetzt hast du kurze blaue Haare,
und niemand mag dich,
nicht einmal deine eigenen Kinder.

Sie mögen dich nicht um sich haben,
weil du ihnen auf die Nerven gehst.

Die 12 000 000

Ich bin deprimiert,
gequält von einer Melancholie,
die sich nirgendwo spiegelt
    und keinen Schatten wirft.
12 000 000 Menschen leben hier in Tokio.
Ich weiß, ich bin nicht allein.
Es muss noch andere geben,
denen es so geht.
    wie mir.

               Tokio
               26. Mai 1976, 1 Uhr mittags

Dahintreibende Kronleuchter

Sand ist kristallin
wie die Seele.
Der Wind treibt
   ihn mit sich.

   Tokio
   28. Mai 1976

Die Notwendigkeit von Kobalt

Da ist nichts zu machen.
Wenn man Kobalt braucht
und keines kriegt,
    ist alles andere
        sinnlos.

          Tokio
          2. Juni 1976

Im Aufzug auf der Fahrt nach unten

Ein Angehöriger der weißen Rasse
    steigt im 17. Stockwerk dazu.
Er ist alt und dick, und teuer
    angezogen.

Ich sage Hallo / Ich bin freundlich.
    Er sagt: »Hi.«

Dann inspiziert er
    meine Kleider.

Ich bin nicht teuer angezogen.
Ich glaube, sein linker Schuh
hat mehr gekostet
als alles, was ich anhabe.

Er will nicht mehr mit mir
    reden.

Ich glaube, ihm ist nicht ganz klar,
dass es wirklich abwärtsgeht
und dass es keine Kleider mehr gibt,
wenn man schon ein paar tausend Jahre tot ist.

Während wir schweigend nach unten fahren
und im Erdgeschoss aussteigen,
    denkt er,
dass wir getrennte Wege
    gehen.

                                        Tokio
                                        4. Juni 1976

Tokio / 11. Juni 1976

Ich habe die fünf Gedichte
die ich heute geschrieben habe
        in einem Notizbuch
in derselben Tasche, in der
mein Pass steckt. Sie
sind ein und dasselbe.

Die letzte Überraschung

Die letzte Überraschung ist, wenn du
allmählich merkst, dass dich nichts
    mehr überrascht.

Fragment #3

Sprechen ist Sprechen

Wir wiederholen
was wir sprechen
und dann sprechen wir
noch einmal und dieses
Sprechen ist Sprechen.

Tokio
irgendwann im Juni 1976

Alter: 41

Spielen und

spielen, ich

glaube ich habe

nie wirklich

aufgehört ein

Kind zu sein

und zu spielen

nie aufgehört

zu spielen

Tokio
28. Juni 1976

Witwenklage

Es ist noch nicht kalt genug,
um zu den Nachbarn zu gehen
und Brennholz zu borgen.

Liz schaut sich im Spiegel an
Teil 5

Sie ist sehr deprimiert.
Heute ist alles schiefgegangen,
und sie glaubt nicht, dass
sie wirklich da ist.

Aus Angst, allein zu sein

Aus Angst, allein zu sein
machst du so viele Sachen
die überhaupt nicht du sind.

Hübscher Hintern

Es ist so viel verloren
und so viel gewonnen mit
    diesen Worten.

Zärtliche Glühbirne

Ich habe eine matte Long-Life 75 Watt
Harmony House Glühbirne in meiner Toilette.
Ich wohne jetzt schon seit über zwei Jahren
    in derselben Wohnung
und die Birne brennt unentwegt immer weiter.
Ich glaube, sie mag mich sehr gerne.

Die Pille gegen das Grubenunglück von Springhill

Wenn du deine Pille nimmst,
ist es wie ein Grubenunglück.
Ich muss an all die Leute denken,
    die in dir umkommen.

Die Halmaspieler

Als ich sechs Jahre alt war,
spielte ich immer Halma
    mit einer Frau,
die dreiundneunzig Jahre alt war.
Sie lebte allein
in ihrer Wohnung am anderen Ende
    des Flurs.
Wir spielten immer Montag
und Donnerstag abends Halma.
Und beim Spielen erzählte sie
von ihrem Mann,
der schon seit siebzig Jahren tot war,
und wir tranken Tee und aßen Plätzchen
    und schwindelten.

EWIGER JETLAG

Ein Blick auf mein Bett / 3 Uhr morgens

Schlaf ohne Schlaf,
dann wieder schlafen
    ohne
    zu schlafen.

       Tokio
       17. Juni 1976

Ewiger Jetlag

Bevor ich nach Japan geflogen bin,
habe ich mir Sorgen wegen des Jetlags gemacht.

»Mein« Flugzeug startete
in San Francisco um 1 Uhr nachmittags
      am Mittwoch
und 10 Stunden und 45 Minuten später
würde es um 4 Uhr am Nachmittag
      des folgenden Tages landen:
      Donnerstag.

Ich habe mir deswegen Sorgen gemacht
und dabei vergessen, dass ich
– weil ich schwer unter Schlaflosigkeit leide –
      einen ewigen Jetlag habe.

                                        Tokio
                                        9. Juni 1976

Träume sind wie der [der]

Träume sind wie der [der]
Wind. Sie wehen vorbei. Die
kleineren sind Brisen,
aber sie gehen auch vorbei.

Tokio
20. oder 26. Mai 1976

Day for Night
(Die amerikanische Nacht)

Das Taxi bringt mich heim
durch die Morgendämmerung in Tokio.
Ich war die ganze Nacht lang wach.
Ich werde schon schlafen, wenn die Sonne
      aufgeht.
Ich werde den ganzen Tag schlafen.
Das Taxi ist mein Kissen,
die Straßen sind Decken,
die Dämmerung mein Bett.
Das Taxi stützt meinen Kopf.
Ich bin zu Träumen unterwegs.

Tokio
1. Juni 1976

Das Flugzeug

Eins
der unangenehmen Dinge am Hotelleben
sind die dünnen Wände. Sie sind ein Problem,
das nicht verschwindet. Ich habe heute Nachmittag
versucht, ein bisschen Schlaf zu finden, aber die Leute
im Nebenzimmer benutzten die Gelegenheit, um sich
das Hirn aus dem Kopf zu vögeln.
Ihr Bett klang wie ein altes Flugzeug,
    das vor dem Start warmläuft.
Ich lag ein paar Schritte entfernt und versuchte
ein bisschen Schlaf zu finden, während ihr Bett die
    Startbahn hinunterrolltc.

Tokio
14. Juni 1976

Taxifahrer

Ich mag diesen Taxifahrer,
der durch die dunklen Straßen Tokios
    rast
als hätte das Leben keinen Sinn.
Mir ist genauso zumute.

> Tokio
> 17. Juni 1976, 10 Uhr abends

Walter
Teil 11

Jede Nacht: kurz bevor er einschläft,
hustet Walter immer. Er hat noch nie
mit jemand anderem in einem Zimmer geschlafen,
und er glaubt, alle Leute husten, kurz bevor sie
einschlafen. Das ist seine Welt.

Morgan
Teil 12

Morgan wurde 1931 bei der Schulsprecherwahl
an seiner Highschool Zweiter.
Er hat sich nie davon erholt.
Danach interessierten ihn Menschen
nicht mehr. Es war kein Verlass auf sie.
Er arbeitet jetzt schon seit über dreißig Jahren
als Nachtwächter in derselben Fabrik.
Mitternachts geht er zwischen den
schweigenden Maschinen herum.
Er tut, als wären sie seine Freunde, und sie
können ihn gut leiden. Sie hätten für ihn
gestimmt.

3. September
Die Dr. William Carlos Williams
Fehlleistung

Letzte Nacht wurde ich schwer von Schlaflosigkeit
geplagt,
und Vergangenheit, Gegenwart und Zukunft kamen
daher en gros und en détail
wie–: der ganze Scheiß, der uns dauernd durch den
Kopf geht! Dann fiel mir ein, dass Dr. William Carlos
Williams Geburtstag hatte, und ich fühlte mich gleich
    besser, fast bis zum Morgen.

Notiz:

Der 3. September ist nicht
der Geburtstag von
Dr. William Carlos Williams.
Es ist der Geburtstag
einer Freundin.
Dr. William Carlos Williams
wurde am 17. September 1883 geboren.

Interessante Fehlleistung.

Das Naturgedicht

Der Mond
ist Hamlet
auf einem
Motorrad.
Er kommt eine
dunkle Straße
herunter.
Er trägt
eine schwarze
Lederjacke und
Stiefel.
Ich werde
nirgendwo
erwartet.
Ich fahre
die ganze Nacht
durch.

Ich lebe im zwanzigsten Jahrhundert

für Marcia

Ich lebe im zwanzigsten Jahrhundert
und du liegst hier neben mir. Du
warst unglücklich, als du einschliefst.
Es gab nichts, was ich dagegen tun
konnte. Ich war hilflos. Dein Gesicht
ist so schön, dass ich es in einem fort
beschreiben muss, und ich kann nichts
tun, um dich wieder froh zu machen, während
    du schläfst.

ANFANGEN

7. April 1969

Ich fühl mich heut so mies,
dass ich ein Gedicht schreiben möchte.
Egal was für eins: irgendeins, dieses
    hier.

Karma Reparaturausrüstung: Teile 1–4

1. Besorg dir genug zu essen
   und iss es.

2. Such dir einen ruhigen Platz zum Schlafen
   und schlaf da.

3. Reduziere intellektuellen und emotionalen Lärm,
   bis du zu deiner eigenen Stille kommst,
   und hör ihr zu.

4.

Anfangen

Anfangen, nur ein einziges Wort

*anfangen (st. V.; hat) 1.a) etw. in Angriff nehmen,
mit etw. beginnen:*

mit dem man aufhört.

Tokio
12. Juni 1976

Wohin des Wegs?

Manchmal hole ich meinen Pass heraus,
sehe mir mein Foto an
    (nicht sehr gut etc.),

    bloß um zu sehen,
    ob ich existiere.

                Tokio
                12. Juni 1976

3. Januar

Ich hab mit einem Fehler angefangen,
aber ich will mich bessern
und den Tag in die richtige Ordnung bringen.

»Ah, große Erwartungen!«
Teil 14

Sam hat die Neigung, in jeder Unterhaltung
mindestens drei oder viermal zu sagen: »Ah,
große Erwartungen!« Er ist zwölf Jahre alt.
Keiner weiß, was er meint, wenn
er das sagt. Manchmal gibt es den Leuten
ein ungutes Gefühl.

Gebrauchsanweisung für eine langweilige
Nacht in einem Hotel in Tokio

1. Iss alleine zu Abend.
    Das ist immer sehr anregend.

2. Lauf ziellos im Hotel herum.
    Das Hotel hier ist riesig; jede Menge Platz,
    um ziellos herumzulaufen.

3. Fahr ohne Ziel und Zweck mit dem Lift
    auf und ab.
    Die Leute, die nach oben fahren, gehen zu ihren
    Zimmern.
        Ich nicht.
    Die nach unten fahren, gehen aus.
        Ich nicht.

4. Ich überlege ernsthaft, mein Zimmer 3003
    übers Haustelefon anzurufen und es sehr lange
    klingeln zu lassen. Dann frage ich, wo
    ich wohl bin und wann ich zurückkomme. Soll ich
    an der Rezeption eine Nachricht hinterlassen,
        dass ich mich anrufen soll,
        wenn ich zurückkomme?

Tokio
6. Juni 1976

Sekunden

Wenn man bedenkt, wie wenig Zeit wir haben
zum Leben und um uber was nachzudenken, dann
hab ich grade die richtige Menge Zeit
für diesen Schmetterling
      aufgewendet.

20

                    Ein warmer Nachmittag
                    Pine Creek, Montana
                    3. September.

Niemand weiß,
was die Erfahrung wert ist

Niemand weiß, was die Erfahrung wert ist,
aber es ist besser, als auf Händen rumzusitzen,
    sag ich immer.

Sie haben es wirklich gut

Sie haben es wirklich gut,
    sie trinken Wein
und reden über Sachen,
    die sie mögen.

Alle Mädchen sollten ein Gedicht haben

für Valerie

Alle Mädchen sollten ein Gedicht haben,
das nur für sie geschrieben ist, und wenn
wir dazu diese gottverdammte Welt
auf den Kopf stellen müssen.

New Mexico
16. März 1969

VIEL GLÜCK, CAPTAIN MARTIN

Viel Glück, Captain Martin
Teil 1

Wir winkten alle, als sein Schiff
abfuhr. Die alten Leute
weinten. Die Kinder waren
    unruhig.

Zugänge
Teil 2

Die Leute schaffen sich ständig Zugänge zu sich
und Zugange zu Zugängen. Sie kommen zu sich
durch Häuser, Bowlingbahnen und Planetarien,
Restaurants, Kinos, Büros, Fabriken,
Berge und Waschsalons etc., Zugänge
zu Zugängen etc., und sie begleiten sich selber.

Captain Martin schaut
den Wellen zu.

Das ist sein Zugang
zu sich.

Die Flasche
Teil 3

Ein Kind steht regungslos da.
Es hält eine Flasche in der Hand.
In der Flasche ist ein Schiff.
Das Kind starrt es mit weiten
Augen an.
Es überlegt, wohin ein einziges Schiff
segeln kann, wenn es in einer Flasche
gefangen gehalten wird.
In fünfzig Jahren wirst du es
herausfinden, Captain Martin,
denn das Meer (und wenn es noch so groß ist)
ist auch nur eine Flasche.

Sturmwarnung für kleine Schiffe
Teil 4

Sturmwarnung für kleine Schiffe
bedeutet Captain Martin nichts
    … nichts …
wie jemand, der absichtlich
nicht aus dem Fenster schaut,
sodass das Fenster leer bleibt.

Berühmte Leute und ihre Freunde
Teil 5

Berühmte Leute und ihre Freunde
kommen an Orte, die nur
der Phantasie zugänglich sind.

Ich war vor zwei Tagen auf einer Party,*
auf der auch jemand war,
der berühmt ist.

Als er ging, gingen fünf oder sechs Leute
        mit ihm.

Es ging sehr aufgeregt zu, als sie
die Party verließen, so wie das immer ist.
Im Zimmer hing der dichte Atem
von Scheinwerfern, Schokoladeneis
und Privatjets.

Jeder wollte mit ihnen gehen
zu diesen geheimnisvollen Örtlichkeiten, zu Film-
studios etwa in Atlantis und zu Tanzsälen
auf der dunklen Seite unentdeckter Monde,
wo alles passiert, und du bist
ein sehr wichtiger Teil davon,
und du bist dabei.

* *Wo ist Captain Martin?*

Carol, die Bedienung,
erinnert sich noch
    Teil 6

Ja, das ist der Tisch, an dem Captain Martin
saß. Ja, der da. Gleich am Fenster.
Er saß oft stundenlang allein
da und starrte aufs Meer hinaus. Er aß
immer einen Krapfen und trank eine Tasse Kaffee.
Ich weiß nicht, was er dauernd angeschaut hat.

Setzt den Kaffee auf, Bubbles,
ich komm nach Hause
    Teil 7

Alle kommen nach Hause
nur Captain Martin nicht.

Kritischer Büchsenöffner

Mit diesem Gedicht stimmt
was nicht. Können Sie's
    finden?

Nachwort

Everyone's calling me a stranger
Let's get on with the show, let's go
(Grateful Dead, Feel Like A Stranger, 1969)

Wer Texte von Brautigan liest, dieses Buch an beliebiger Stelle aufschlägt und ein Gedicht, einen kurzen Text findet, begegnet stets der Gegenwart. Es sind Momentaufnahmen, die weder große, wohlüberlegte Reflexionen der Vergangenheit noch ambitionierte Blicke in die Zukunft beinhalten. Alles geschieht hier und jetzt: Der Dichter steigt in den Bus und zahlt zwei Fahrkarten, obwohl er allein ist. Genau in diesem Augenblick denkt er an seine vergangene Liebe. Er liegt nachts in seinem Hotelbett in Tokio. Er sitzt in einem Schnellrestaurant. Er liest ein Buch.

Meist sind es alltägliche Verrichtungen, die als Auslöser für seine Gedanken dienen. Vielleicht liegt darin schon einer der Gründe, weshalb Richard Brautigans Texte so zeitlos sind. Er versucht gar nicht erst – wie so viele seiner Zunft –, durch die Betrachtung des Menschheitsgeschehens oder des Selbsterlebten große Ideen zu entwickeln und zu formulieren und sie uns Lesern zu vermitteln. Die große Idee, das große Ganze scheint nicht mehr denkbar, die Hoffnung darauf nicht mehr erfüllbar. Im Gegenteil. Im Gedicht »Ah, große Erwartungen!« wird von Sam, 12 Jahre, berichtet, der in jedem Gespräch »Ah, große Erwartungen!« sagt. »Manchmal gibt es den Leuten ein ungutes Gefühl«, heißt es dort. Bezeichnend, dass es ein Kind ist, das über das Große spricht, und dass die Erwachsenen damit nicht umgehen können, solchen Gedanken nicht mehr folgen können und wollen.

Brautigans Texte haben nichts Missionarisches, nicht einmal etwas Vermittelndes. Er stellt fest, beschreibt einfach nur, aber das sehr präzise. Und hin und wieder kommt es einem fast zu akkurat vor, wenn er Ort, Datum, ja sogar die Uhrzeit nennt, so als wollte er sagen: Das ist kein Text, kein Gedicht, das ist ganz real und passiert genau in diesem Moment.

In seinem wunderbar lakonischen Roman *Sombrero vom Himmel* entspricht die Eingangsszene dem, was der Titel erwarten lässt: Ein Sombrero fällt vom Himmel, keiner weiß, wo er herkommt, wie er einfach so auf die Straße fallen konnte. Und dann beginnt eine aberwitzige Handlung, in der gestorben, gefeiert, geträumt wird – und der amerikanische Präsident eine Rede hält: »Wir stehen gemeinsam an der Schwelle zu einer großen Zukunft«, sagt er unter anderem. Der Sombrero aber liegt weiter nur auf der Straße, war, ist Auslöser für so vieles und wird doch von allen übersehen.

Brautigan übersieht dergleichen nicht, er registriert die kurzen Sekunden, die etwas verändern können, er nimmt sie zum Anlass, zu schreiben, zu beschreiben, und gibt uns die Chance, gemeinsam mit ihm hinzusehen, aufzumerken, den Jetztzustand zu realisieren und damit umzugehen. Denn – und so endet der Roman *Sombrero vom Himmel* – »Am Leben ist mehr dran, als man auf den ersten Blick meinen möchte.«

Richard Brautigans Leben begann am Mittwoch, dem 30.1.1935, in Tacoma im US-Bundesstaat Washington. Seinen Vater, Bernard Frederick Brautigan, hat er nie kennengelernt; dieser wusste wohl nicht einmal, dass er einen Sohn hatte. Die Mutter, Lulu Mary Kehoe, von allen Mary Lou genannt, war eine Getriebene, sie verließ ihren Mann noch vor der Geburt, und 1938 kam die Scheidung. 1943 heiratete sie erneut – mittlerweile hatte Richard eine Schwester: Barbara –, aber auch diese Ehe hielt nur wenige Monate und wurde ein Jahr später bereits wieder geschieden. In den Jahren seiner Kindheit und Jugend bekam Brautigan viele Männer zu Gesicht, viele Orte und Wohnungen. Die Familie war stets auf die Unterstützung sozialer Einrichtungen angewiesen, da Mary Lou nie in der Lage war, genügend Geld für den Lebensunterhalt zu verdienen. Die Männer an ihrer Seite hatten kaum Interesse an ihren Kindern. Sie wurden vernachlässigt, schlecht behandelt, nicht selten sogar geschlagen.

1953, mit achtzehn Jahren also, trat Richard Brautigan zum ersten Mal als Autor in Erscheinung. Unterstützt von seiner Englischlehrerin, schrieb er das Gedicht »The Ochoco« für eine kleine Textsammlung, die von Highschool-Schülern veröffentlicht wurde. Seine Mutter hielt nichts von seinen Ambitionen, verbot ihm sogar, im Haus zu schreiben. Nach seinem Highschool-Abschluss begann er zu arbeiten und verließ seine Familie. Er veröffentlichte immer wieder kleinere Geschichten und Gedichte, musste jedoch aus Geldmangel sogar die für ihn wichtige Schreibmaschine verkaufen und schrieb anschließend in spiralgeheftete Notizblöcke.

Schließlich kommt er ins Gefängnis – und das durchaus geplant. Es ist Dezember, er hat nichts zu essen, nichts zu trinken, und es ist sehr kalt. Also geht er zur Polizei und bittet darum, ihn festzunehmen. Als ihm ein Officer erklärt, so einfach sei das nicht ohne kriminelle Handlung, wirft er das Fenster der Polizeistation ein und wird tatsächlich festgenommen. Sein Verhalten kommt den Verantwortlichen jedoch so seltsam vor, dass man ihn nach wenigen Tagen in eine psychiatrische Klinik schickt, wo man ihn unter anderem mit Elektroschocktherapie behandelt. Obwohl es ihm dort schlechtgeht, schreibt er in der ihm eigenen Lakonie in einem Brief, er habe dort das »Tanzen« gelernt. Vielleicht war er zu diesem Zeitpunkt schon so weit wie in seinem Gedicht »Die letzte Überraschung«.

> Die letzte Überraschung ist, wenn du
> allmählich merkst, dass dich nichts
> mehr überrascht.

In den darauffolgenden Jahren hält er sich mehr schlecht als recht über Wasser und schreibt viel. Einiges davon wird in diversen Anthologien veröffentlicht. Er heiratet 1957 Virginia Dionne Alder, und das Paar bekommt 1960 seine erste und einzige Tochter, Ianthe. Im Jahr der Hochzeit waren Texte von ihm erstmals als Buch erschienen, sein erster Roman, *Ein konföderierter General aus Big Sur*, folgte 1964.

Erst drei Jahre später wird *Forellenfischen in Amerika* veröffentlicht. Obwohl schon 1963 geschrieben, brauchte es einige Zeit, bis ein Verleger bereit war, diesen Text herauszubringen. Zuerst gab es vor allem eines: Absagen. Unter anderem – so will es die Legende – schrieb ihm ein Lektor eines großen Verlagshauses, sei es ein grundsätzliches Problem, dass trotz des eindeutigen Titels das Forellenfischen an keiner Stelle thematisiert würde. *Forellenfischen in Amerika* wurde schließlich Brautigans größter Erfolg, ein Bestseller, der sich allein in den USA über zwei Millionen Mal verkauft hat. Das Buch liebten alle: die Beatniks, die Hippies, die Rezensenten der großen Feuilletons, das breite Publikum. Und jeder wollte Brautigan so verstanden wissen, wie er ihn las. Aber Brautigan ließ sich von keiner Gruppe vereinnahmen, fühlte sich keiner Bewegung zugehörig. Er lehnte es zeitlebens ab, einem Trend oder einer Mode zu folgen. Es hat den Anschein, dass er weder sein Genre noch seine Leser noch sich selbst ernst nimmt.

So wenig wie das Fischen in *Forellenfischen in Amerika* relevant war, so wenig war der Detektivroman *Von Babylon träumen* ein Krimi, so wenig war der Roman *Die Abtreibung. Eine historische Romanze* historisch geschweige denn eine Romanze (aber möglicherweise hatte Brautigan tatsächlich das Gefühl, einen echten Liebesroman geschrieben zu haben). Der Autor spielt mit der Form, er spielt mit den Erwartungen seiner Leser und ignoriert sie immer wieder. In dem Gedicht »Alter: 41« bringt er es auf den Punkt, wenn er schreibt, er habe »nie aufgehört zu spielen«.

Der Erzähler in Brautigans Texten entzieht sich immer wieder. Zwar wählt der Autor meist die klassische Ich-Perspektive, aber es bleibt häufig unklar, wer dieses »Ich« eigentlich ist. In seinem Roman *Der Tokio-Montana-Express* heißt es beispielsweise: »Das ›Ich‹ in diesem Buch ist die Stimme der Stationen an der Strecke des Tokio-Montana-Express.« Und der Ich-Erzähler aus *In Wassermelonen Zucker* stellt recht früh fest: »Ich glaube, Sie sind irgendwie neugierig darauf, zu erfahren, wer ich bin, aber ich bin keiner von denen, die einen richtigen Namen haben.« Am Rande, sehr am Rande, sollte man vielleicht erwähnen, dass Brautigan im letztgenannten Roman eine Wort- und Buchstabenkombination verwendet, die es heutzutage in die ganze Welt geschafft hat. Der Ort nämlich, in dem dieser Roman spielt, heißt »iDeath«. Dass dieser Begriff nach iPhone, iPad und iPod jetzt unter anderem auch für einen Bestatterblog steht, hätte ihm wahrscheinlich gefallen.

Bei aller Ironie sich selbst und dem Leben gegenüber, bei aller Distanz: Gerade in seinen Liebesgedichten, die am Anfang dieser Sammlung stehen, bleibt er ernst und gänzlich unironisch. Sie sind voller poetischer Kraft und beschwören eindrücklich schöne Bilder:

Ich möchte, dass mich
dein Haar mit Landkarten
neuer Orte bedeckt,
damit überall, wo ich
hinkomme, alles so schön ist
wie dein Haar.

So wie in »Landkartendusche« sind seine Liebesgedichte klare Bekenntnisse, körperlich, warm, manchmal gar leidenschaftlich werden Sehnsüchte, Trauer und Gefühle zum Ausdruck gebracht. Aber auch hier gilt, dass es der Augenblick ist, der in der Liebe zählt, ein kurzer, aber intensiver Moment, in dem sich alles verdichtet wie in »Das schöne Gedicht«, das mit den Zeilen beginnt:

Ich geh jetzt in Los Angeles ins Bett
und denk an dich.

Lost in Translation. Das Skript zu diesem wunderbaren Film mit Scarlett Johansson und Bill Murray hätte wohl auch Richard Brautigan geschrieben haben können. Er verbrachte lange Zeit in Japan, verstand die Sprache nicht, war weder mit der Kultur noch den Essgewohnheiten vertraut, lebte allein unter so vielen Menschen, fühlte sich fremd unter Fremden – und vielleicht genau deshalb auch so geborgen. Seine Japan-Gedichte, die sich in allen Kapiteln dieses Buchs wiederfinden, delektieren sich in ihrer Ratlosigkeit an genau derselben. Und so kann er in Tokio ganz besonders gut den Grundansatz seiner Texte leben: aus der Beobachtung der Realität ebendiese auf wenige Worte verdichten. Dabei bleibt er stets unaufgeregt, er akzeptiert sein Unverständnis so wie der Held Bob Harris im Film. Es ist eine sympathische Art des Unverständnisses gegenüber einer Welt, die sich nicht erklären will. Wenn Brautigan die Form des Haikus nutzt, um sich auszudrücken, ist das natürlich eine Reminiszenz an das Land, in dem er lebt. Aber er versucht gar nicht erst, den Meistern nachzuspüren. Im »Erdbeerenhaiku«, das titelgebend für dieses Buch war, verzichtet er deshalb weitgehend auf Worte und stellt einfach zwölf Punkte auf zwei Linien.

Besonders schön ist seine »Gebrauchsanweisung für eine langweilige Nacht in einem Hotel in Tokio«. Allein zu Abend zu essen, im Lift sinnfrei auf und ab zu fahren, einfach herumzulaufen und schließlich sich selbst aus der Lobby anzurufen sind seine vier Empfehlungen. Dass man selbst in dieser Verlorenheit Sinn und Schönheit finden kann, ist vielleicht die Botschaft an den Leser und der Schlüssel zu Brautigans Welt.

Und die Frage an den Leser, ob er erkennen könne, was an seinem Gedicht »Kritischer Büchsenöffner« nicht stimmt, ist eine wunderbare Form der Selbstironie, die die eigene Ratlosigkeit mit der des Lesers teilen will. Genauso gut hätte er sagen können: Irgendwas stimmt mit diesem Leben nicht.

Brautigan findet nie wirklich den richtigen Ort, die richtigen Menschen, eine Heimat, einen Verlag, eine Frau. Er sucht sein Leben lang.

Dass der Dichter des Augenblicks seinem Leben 1984 selbst ein Ende machte – er erschoss sich in seinem Haus in Bolinas, Kalifornien –, passt auf gewisse Art zu seinem Leben und Werk. Weder Abschiedsbrief noch dunkle Ankündigungen geben Hinweise auf Beweggründe des Suizids. Vielleicht wollte er einfach nicht mehr, vielleicht fand er, alles sei gesagt, vielleicht hat es ihn erschöpft, nicht mehr gehört und noch weniger gelesen zu werden.

Brautigan wurde still beerdigt, nur wenige Freunde standen am Grab. In ihren Erinnerungen mit dem passenden Titel *Den Tod holen* zitierte seine Tochter Ianthe aus *Die Rache des Rasens*:

»Ich überlegte, wie ich ihr auf möglichst schmerzlose Art sagen konnte, dass ihr Vater tot sei, aber man kann den Tod nicht mit Wörtern tarnen. Wenn die Wörter zu Ende sind, ist immer jemand tot.«

Markus Klose

Zum Autor, Herausgeber und Übersetzer

Richard Brautigan wurde 1935 in der amerikanischen Provinz geboren, lebte unter anderem im Gefängnis, in einer psychiatrischen Anstalt, auf einer Ranch, in Montana und Tokio. 1967 erschien sein erfolgreichster Roman, *Trout Fishing in America (Forellenfischen in Amerika)*, der sich viele Millionen Mal weltweit verkaufte und ihm Kultstatus einbrachte. Er war mehrmals verheiratet und hat eine Tochter namens Ianthe. 1984 nahm er sich das Leben.

Markus Klose, Jahrgang 1964, arbeitet seit den achtziger Jahren in der Verlagsbranche und ist zurzeit Marketingverantwortlicher bei Hoffmann und Campe. Richard Brautigan fasziniert ihn schon seit seiner Zeit als Buchhändler in Münster, von da an begleiteten ihn dessen Texte als »Berater in allen Lebenslagen«. Brautigan wiederzuentdecken hält er für unabdingbar. Als DJ schätzt Klose ebenfalls den Beat aus der Hochphase des Schriftstellers und empfiehlt, parallel zur Lektüre, Waylon Jennings, Grateful Dead, The Band und Les McCann.

Günter Ohnemus ist Autor, Verleger und Übersetzer. Er hat sämtliche Bücher Brautigans übersetzt, teilweise in seinem Verlag veröffentlicht und in den achtziger Jahren eine Werkausgabe beim Eichborn Verlag herausgegeben.

Zu dieser Ausgabe

Die Romanausschnitte unter der Überschrift »Der Kaffeefleck« folgen keinem System, es handelt sich immer um voll-
ständige Kapitel.

Die Gedichte sind in sechs Abschnitte aufgeteilt, über-
schrieben jeweils mit dem Titel eines der Gedichte. Es geht, in
der nachstehenden Reihenfolge, um: Liebe, Essen und Trinken, das Leben, die Nacht und die Hoffnung. Zum Abschluss
folgt der Zyklus »Viel Glück, Captain Martin«.

Fast alle Texte in diesem Buch sind vom Schriftsteller und
ehemaligen Verleger Günter Ohnemus ins Deutsche übertra-
gen worden. Die beim Eichborn Verlag erschienene Werkausgabe war ambitioniert, besonders schön gestaltet und schon
ziemlich vollständig. Leider ist sie nicht mehr lieferbar.

Textnachweis

Für die Originaltexte:

June 30th, June 30th, Delacorte Press, New York, 1977 / 1978. Copyright ©
  1977, 1978 by Richard Brautigan. (S. 28–34, 51–56, 63, 64, 66–69, 71, 73,
  74, 84–89, 98, 99, 102)

The Pill versus the Springhill Mine Disaster, Houghton Mifflin, New York, 1989.
  Copyright © 1968 by Richard Brautigan. Mit freundlicher Genehmigung
  von Hougthon Mifflin Harcourt Publishing Company, New York. All
  rights reserved. (S. 24, 25, 27, 35, 36–48, 58, 59, 75, 78–81, 93, 94, 97,
  106, 115)

Loading Mercury with a Pitchfork, Simon & Schuster, New York, 1976. Copyright © 1976 by Richard Brautigan. (S. 50, 57, 62, 65, 76, 77, 90, 91, 92,
  96, 100, 101, 103, 104, 105, 108–114)

Dreaming of Babylon. A Private Eye Novel 1942, 1977. Copyright © 1977 by
  Richard Brautigan. (»My Day«)

The Abortion. An Historical Romance 1966, 1970. Copyright © 1970, 1971
  by Richard Brautigan. (»For Frank«, »Two (37-19-36) Soliloquies«, »The
  Coffee Stain«)

The Hawkline Monster, A Gothic Western, Simon & Schuster, New York 1974.
  Copyright © 1974 by Richard Brautigan. (»Against the Dust«)

Trout Fishing in America. Delta Publishing, New York 1967. Copyright © 1967
  by Richard Brautigan. (»The Mayonnaise Chapter«)

Für die Übersetzungen:

Japan bis zum 30. Juni. Gedichte. Aus dem Amerikanischen von Günter
  Ohnemus. Eichborn Verlag, Frankfurt / M. 1989. (S. 28–34, 51–56, 63, 64,
  66–69, 71, 73, 74, 84–89, 98, 99, 102)

Die Pille gegen das Grubenunglück von Spring Hill & 104 andere Gedichte. Aus
  dem Amerikanischen von Günter Ohnemus. Eichborn Verlag, Frankfurt / M. 1987. (S. 24–27, 35–48, 50, 57, 58, 59, 62, 65, 72, 75, 76–81,
  90–94, 96, 97, 100, 101, 103–106, 108–115)

»Mein Tag« (S. 12) aus: *Von Babylon träumen … Aus dem Amerikanischen
  von Christiane Bergfeld*. Copyright © 2009 Theodor Boder Verlag, Zürich.
  Mit freundlicher Genehmigung.

»Für Frank« (S. 10), »Zwei (94-48-91) Selbstgespräche« (S. 16) und »Der
  Kaffeefleck« (S. 19) aus: *Die Abtreibung. Eine historische Romanze. Aus dem*